7

Lk 3147.

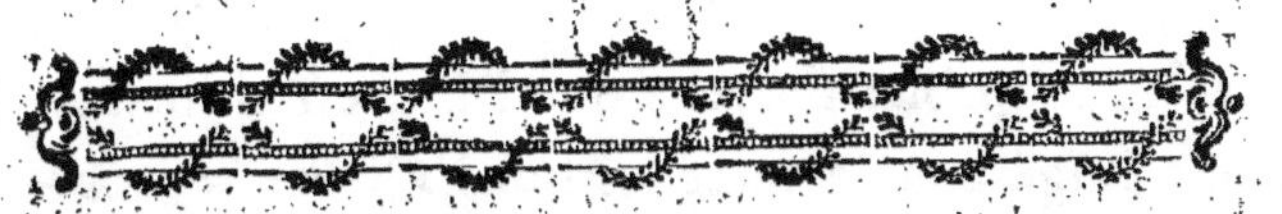

SUITE

DE LA DÉNONCIATION

A L'ASSEMBLÉE NATIONALE,

Contre le Sieur Comte de BUFFÉVENT, *& autres Aristocrates de la Ville forte d'Huningue ;*

ET RÉCUSATION PRÉSENTÉE

Contre les Sieurs PHLIÉGER *&* REUBELL, *Députés d'Alsace à l'Assemblée Nationale.*

NOSSEIGNEURS,

LES Habitans d'Huningue ont suffisamment prouvé, par les Pieces qu'ils ont déposé au Comité des Rapports, tous les faits avancés dans leur Dénonciation. Mais s'ils avaient encore besoin de nouvelles preuves, ils les prendraient dans les titres même de leurs Adversaires, & vous feraient voir

que les coupables moyens que l'aſtuce Ariſtocratique a forgé pour écraſer les bons Citoyens, tour-
nent à ſa confuſion.

Réduiſons aux plus ſimples élémens l'affaire de
la Ville d'Huningue :

1°. On s'eſt aſſemblé le 31 Janvier pour les
préliminaires de l'élection, & le 1 Février pour
l'élection même de la nouvelle Municipalité. Les
jours avaient été fixés, & la convocation faite par
le Syndic & les anciens Municipaux. Ces faits
eſſentiels ne ſont pas niés dans aucune piece des
Adverſaires.

2°. Le Syndic, avec deux Officiers Municipaux,
& les Membres du défunt Magiſtrat, *mécontens
de ce que le Peuple, laſſé de leur deſpotiſme, pa-
raiſſait vouloir repouſſer leurs vues ambitieuſes,*
ſe ſont retirés, tandis que cinq Officiers Municipaux ont continué la Séance. Les Adverſaires
n'ont pas encore oſé diſconvenir de ce fait.

3°. Les mécontens en formant une ſciſſion,
voulaient la pallier par quelque apparence de pré-
textes; & ils inférerent dans leur oppoſition (1)
*que le Curé n'était pas Citoyen actif, que les Etran-
gers reçus Bourgeois n'avaient pas le droit de voter,
que des impuberes & des gens qui ne payaient pas
l'impôt de trois journées, avaient donné leur voix.*

____

(1) Piece des Adverſaires, deuxieme production, N°. 5.

(3)

Nous avons déjà répondu, NOSSEIGNEURS, à la fin de la *Dénonciation*, *pages* 37 & 38, aux deux premieres Objections; & vous-mêmes avez expressément prononcé dans votre sagesse, en faveur des Curés Séculiers & Réguliers, & des Etrangers reçus Bourgeois. Conséquemment elles ne peuvent plus servir qu'à faire connaître l'esprit de chicane & d'astuce qui anime les Adversaires, perturbateurs de l'organisation que vous avez ordonnée.

Sur le reproche fait contre les *prétendus impuberes & autres, ne payant pas la taxe de l'impôt,* vous remarquerez, NOSSEIGNEURS, que les Adversaires ne désignent pas nominativement dans leur opposition (1), & qu'ils n'ont point parlé à l'Assemblée d'élection de ces Hommes qu'ils veulent reprocher aujourd'hui. Ils pouvaient, ils devaient le faire alors. On eût jugé sur leurs assertions. Et puisqu'ils ne l'ont pas fait, ils ne doivent plus être reçus à réclamer contre ce qu'ils n'ont pas voulu empêcher.

D'ailleurs, quand deux ou trois individus non actifs se seraient glissés pour donner leur scrutin au milieu du trouble excité par les ennemis de l'organisation nouvelle, ils n'auraient rien changé

____

(1) Piece des Adversaires, deuxieme production, N°. 1.

(4)

au vœu général des Citoyens actifs , clairement exprimé par l'unanimité , ou du moins par la grande majorité des trois cinquiemes des fuffrages , dans toutes les Délibérations & Elections. Ainfi , il n'y aurait pas lieu à déclarer nos opérations nulles pour ce fujet.

Enfin , il eft abfolument faux qu'aucuns impuberes & autres , ne payant pas la taxe de l'impôt , ayent donné leur fuffrage. La preuve, fans réplique , en eft aux Procès-verbaux du 31 Janvier & 1 Février (1) , où l'on voit toutes les fignatures de tous les vôtans , qui , comparées avec la lifte légale des Citoyens actifs (2) , prouvent l'exactitude , l'ordre & la légalité des Affemblées qu'on a détruit par les baïonnettes.

Plufieurs, à la vérité , ne payaient que trente-fix fols pour trois journées de travail , prix auquel cinq Officiers Municipaux , formant la grande majorité , de concert avec la Commune , crurent devoir , fuivant l'efprit de l'Affemblée Nationale , les fixer pour une Ville pauvre , qui ne peut pas avoir pour reglé la même taxe que celle de Paris. Cette fixation eft jufte , humaine & légale. Celle faite poftérieurement , pour fixer la journée à vingt fols , par le Syndic , avec deux ou trois Officiers

____

(1) Pieces du Curé-Député , Nos. 8 & 9.
(2) Pieces du Curé-Député , No. 41.

Municipaux, foutenus du Defpotifme Militaire, eft injufte, inhumaine, illégale.

Leur but a été évidemment d'exclure ceux qui étaient contraires à leurs manœuvres; c'eft le même but qui les a fait retrancher le Curé & les Vicaires du nombre des Citoyens actifs; c'eft le même but qui les a déterminés, contre l'efprit de l'Affemblée Nationale & contre toute juftice, à retirer aux étrangers, leurs co-bourgeois & leurs freres, le droit de voter, qu'ils leur avaient vendu ; c'eft, enfin, le même but qui les a fait porter l'inquifition dans le fein des familles mal-aifées, pour leur appliquer la qualité d'infolvables , quoiqu'ils n'euffent contr'eux aucune Sentence formelle.

O! combien leur conduite eft différente vis-à-vis de leurs partifans, fauteurs des abus ! Nous nous permettons d'en citer un feul trait, parce qu'il regarde un des principaux Chefs de la Faction, qui a femé le trouble dans une Ville, où tous les habitans feraient reftés paifibles & unis malgré les convulfions des Magiftrats & du Syndic expirants, foutenus dans leur agonie par le Comte de Buffévent , intéreffé à conferver leur exiftence.

Le fieur Baudoin , Commiffaire des Guerres, prétendu Préfident du Comité Ariftocratique , qu'il forma lui-même très-illégalement au coin de son feu, lorsque les menaces militaires venaient de dissoudre l'Assemblée légale d'élection ; le sieur Baudoin, qui, à la tête de quelques factieux, ses adhérents, s'empara pour lors *de l'Administration & de la Police de la Ville*, dont il dépouilla les Administrateurs légitimes par sa toute-puissance arbitraire, sans aucune forme de procès ; le sieur Baudoin, Syndic du District, subordonné par conséquent de la Commission intermédiaire Provinciale, contre laquelle il a osé s'élever pour faire arrêter, par la force des armes, l'élection qu'elle avait commandée (1) ; le sieur Baudoin, qui insulte ses créanciers par son faste impudent, qui ruine cinq ou six Bourgeois honnêtes de la Ville, auxquels il ne paye ni capital, ni intérêts d'emprunt depuis plusieurs années, qui va perdre tout-à-l'heure onze mille, ou tout au moins sept mille livres de revenu, qu'il tirait des abus de l'ancien régime ; qui est aujourd'hui sous le poids de plusieurs décrets de prise-de-corps, dont il s'est garanti jusqu'ici par lettres impolitiques de surséance ; le sieur Baudoin, enfin, que nos Adversaires, par une tendre reconnoissance, ont mis à la tête de leur liste des Citoyens actifs, est le

____

(1) *Voyez* dans la premiere Production des Adversaires, Pieces du 1 Février & du 7 Février 1790.

feul que nous voulions comparer avec ces prétendus infolvables qu'ils en ont rayé , quoiqu'ils
foient sûrement beaucoup plus folvables & beaucoup moins faftueux , beaucoup moins arrogans.

Nous nous difpenferons de citer les autres qui
font dans le même cas, ou qui , fuivant les principes des Adverfaires , feraient privés du droit de
Citoyens actifs, qu'ils leur ont accordé pour les en-
rôler avec eux. Bien éloignés encore d'oppofer la
rigueur à tant d'injuftices, nous craindrions d'affli-
ger , d'humilier des freres égarés , dont nous
attendons le retour; & il nous fuffira d'obferver à
l'Affemblée Nationale, que le parti antipopulaire,
en s'écartant fans ceffe de fes vues, aurait réduit
une Communauté d'environ deux cens quarante
feux , fans y comprendre la Garnifon ordinaire
de deux Régimens, à quatre-vingt-dix individus
qui euffent pu voter. Ç'eût été à-peu-près la moitié de ceux à qui la Loi accorde ce droit, puifque
nous en trouvons cent foixante-treize, en retran-
chant même huit ou dix prétendans , dont les
prétentions femblables avaient été favorablement
écoutées à Strasbourg.

Ces odieufes manœuvres auraient foulevé les
dépofitaires du Pouvoir militaire, s'ils n'avaient
pas eu un intérêt particulier à les foutenir; & fi
M. le Baron de Klœckler , Maréchal-de-Camp ,

s'eſt prêté à leurs deſſeins, il n'en faut accuſer
que ce malheureux eſprit de Corps, qui a ſi ſou-
vent étouffé l'eſprit de Juſtice & de Patrie. Nous
venons de voir ſa Lettre à l'Aſſemblée Nationale,
où, par des réticences & des amphibologies combinées, il jette un louche ſur notre affaire; & pour
la réfuter, nous nous contenterons de citer la
réponſe que lui a faite le Curé - Député de la
Ville d'Huningue.

» Vous dites, M. le Baron, que *le parti op-*
» *poſant à l'élection voulait ſe faire égorger plutôt*
» *que de la permettre ;* & par-là vous peignez la
» fureur atroce de ceux dont vous avez encore
» exalté les abſurdes prétentions, en les ſoutenant
» injuſtement. Vous ſaviez bien que nous n'au-
» rions pas été les chercher pour tremper nos mains
» dans leur ſang ; & vous aviez douze cens
» baïonnettes pour arrêter une douzaine de phré-
» nétiques qui menaçaient de faire tapage dans
» l'Aſſemblée.

» Vous dites, & vous paraiſſez vous glorifier
» *d'être venu à bout ſans armes d'engager les deux*
» *partis à ſuſpendre toute opération ;* & vous fai-
» tes, ſans y penſer, l'éloge du Curé, Préſident,
» & du Troupeau qui le reconnaiſſait. Car ils n'a-
» vaient aucuns ordres à recevoir de vous. Le ſeul
» eſpoir d'une pacification volontaire les déter-

» mina à une déférence & à une foumiffion qu'ils
» ne vous devaient pas. Pour les oppofans, vous ne
» les avez pas *engagés* à fuivre vos avis, ils vous
» ont fait fuivre les leurs.

» Vous dites que *trois Officiers Municipaux,*
» *avec le Syndic, font venus vous demander les*
» *troupes pour empêcher l'élection*; & vous préten-
» dez vous excufer par-là d'une faute qui a occa-
» fionné le renverfement de l'ordre & des loix
» dans Huningue. Mais, 1°. vous aviez vu l'ar-
» rêté de la Commiffion intermédiaire Provinciale,
» qui ordonnait la continuation *très-urgente* de
» l'organifation nouvelle ; & vous ne pouvez pas
» ignorer que tous les Officiers Municipaux (euf-
» fent-ils été d'accord avec vous) n'auraient pas
» eu le droit de caffer ou de contredire cet arrêté.
» 2°. Vous faviez bien que trois Officiers Muni-
» cipaux, avec le Syndic-Procureur, qui n'a pas
» droit de fuffrage, ne formaient pas la majorité,
» puifque quatre Municipaux, de votre aveu,
» vous faifaient une réquifition contraire, & d'ail-
» leurs conforme à l'ordre de la Commiffion Pro-
» vinciale. 3°. Vous vous rappellerez sûrement,
» Monfieur le Baron, que lorfque notre Députa-
» tion fe préfenta chez vous, la réquifition adverfe
» n'était fignée encore que de deux Municipaux,
» avec le Syndic; qu'un Magiftrat, qui manifefta

» devant vous toute fa rage, fortit pour obtenir
» l'acquiefcement d'un troifieme ; que nous atten-
» dîmes inutilement fon retour dans votre appar-
» tement pendant près de deux heures ; ce qui
» prouve qu'on ne pouvait pas venir à bout de lui
» arracher cet acquiefcement infuffifant : & en
» conféquence fi ce Municipal, le fieur Oddolay,
» qui, inftruit de l'arrêté de la Commiffion inter-
» médiaire, avait voulu (1), vingt-quatre heures
» auparavant, ramener les deux autres égarés,
» s'eft porté, par féduction, par intrigue ou au-
» trement, à figner cette réquifition, fa figua-
» ture, poftérieurement cédée, ne juftifierait pas la
» conceffion antérieure de la force militaire faite
» par vous à deux Municipaux, contre la réclama-
» tion de quatre autres. D'ailleurs, ne devriez-
» vous pas vous croire coupable de la détermina-
» tion lâche de cet Officier Municipal, vacillant
» entre la juftice qu'il connaiffait & la puiffance
» militaire que vous veniez déjà de mettre en
» action. 4°. La réclamation de la majorité bien
» prouvée des Officiers Municipaux n'était qu'une
» furabondance de droit pour notre caufe, puifque
» dans les affaires de l'élection, les Municipaux
» ne font plus que de fimples Citoyens, & le
» Préfident feul doit donner l'ordre, comme on

______

(1) Pieces des Adverfaires, 6 ou 7 Février.

„ vous le fit voir encore, par un autre arrêté de
„ la Commiſſion intermédiaire (1). Or, en ma
„ qualité de Préſident, que vous n'avez pas pu
„ méconnaître, après l'inſpection des Pieces de
„ cette même Commiſſion (2), je vous ai de-
„ mandé la force militaire pour l'élection Muni-
„ cipale; vous me l'avez promiſe la veille au ſoir;
„ & cependant, Monſieur le Baron, vous Géné-
„ ral, dont la parole doit être ſainte, vous avez
„ retiré celle que vous m'aviez juſtement don-
„ née, pour ſervir enſuite une cauſe injuſte.
« Voilà un fait bien intéreſſant, ſur lequel vous
„ avez adroitement gardé le ſilence dans votre
„ Lettre à l'Aſſemblée Nationale; mais ſachez
„ qu'il eſt ſuffiſamment prouvé par les Procès-
„ verbaux (3), & votre réticence ne pourra pas
„ nous être funeſte.

„ Vous voudriez perſuader que *vous avez été*
„ *très-éloigné de rien juger.* Et pourtant vous avez
„ jugé, contre l'eſprit de l'Aſſemblée Nationale,
„ que la Commiſſion Provinciale avait tort, que
„ le Commandant de la Province avait tort, que
„ le Curé, Préſident, avait tort, que les Etran-
„ gers Bourgeois avaient tort, que la Commune

---

(1) Pieces du Curé-Député, Nᵒˢ. 6 & 7.
(2) Pieces du Curé-Député, Nᵒ. 16.
(3) Pieces du Curé-Député, Nᵒˢ. 17 & 20.

» d'Huningue avait tort ; puifque vous avez
» fufpendu par la force l'élection ordonnée, pour
» laiffer le tems à vos Compagnons d'armes ,
» au Syndic , aux Magiftrats & Prépofés de la
» vieille Adminiftration leurs conforts , de mieux
» nouer leur intrigue pour une autre circonftance.

» En vain, Monfieur le Baron , vous paraiffez
» vouloir careffer l'Affemblée Nationale , en lui
» difant que *vous vous êtes tourné du côté du parti*
» *qui voulait s'adreffer à Elle ,* après avoir perdu
» fa Caufe de tous côtés ; vous n'en impoferez
» point à notre augufte Sénat. Il avait fagement
» défendu tout délai , & il ne vous était pas per-
» mis, ni à vous , ni à nous , ni à qui que ce
» foit , d'en accorder. Les mécontens avaient feu-
» lement la liberté de protefter & de fe retirer ;
» & fi leur proteftation eût été valide , notre
» élection aurait été déclarée nulle. Ils fe feraient
» trouvés alors vis-à-vis de nous , dans le cas où
» votre protection mal-à-propos accordée, nous a
» mis vis-à-vis d'eux , de pourfuivre la caffation
» de nos opérations.

» Je vous l'ai dit, Monfieur le Baron , une
» proteftation ne doit rien arrêter ; car fi chaque
» chicane, que les ennemis de l'ordre pourraient
» inventer, entraînait la fufpenfion de l'élection
» fous prétexte d'appel , ils imagineraient , après

» l'appel décidé, un nouveau moyen pour en for-
» mer un autre fur un nouvel objet ; & par-là
» ils arrêteraient éternellement l'organifation
» politique.

» Ainfi, en voulant accélérer l'exécution des
» Décrets de l'Affemblée Nationale, nous lui
» avons témoigné d'une maniere sûre notre fou-
» miffion & notre zele ; tandis que le retard &
» les troubles que vous avez occafionné, fous
» prétexte d'attendre fa décifion, lui paraîtront
» d'autant plus condamnables que, dans le fait,
» vous n'avez pas attendu cette décifion pour la-
» quelle vous affectez tant de refpect. Vous avez
» fu, par moi-même, Monfieur le Baron, que
» je partais pour Paris, afin de la folliciter au
» nom de la Commune, après que vous nous
» eûtes lié les mains ; & cependant vous avez
» permis, après mon départ, au parti que vous
» favorifez, de faire une élection, malgré le re-
» fus de la majorité des Citoyens, fur un fimple
» avis donné par erreur au Comité de Conftitu-
» tion, & enfuite rétracté, qui, quand il eût été
» valide & décifif, n'annullait pas nos opérations
» premieres, dont vous avez protégé la deftruc-
» tion ; & vous qui m'avez enveloppé de fenti-
» nelles, vous qui avez enchaîné mon Peuple,
» pour nous forcer d'attendre un Décret, vous

» n'avez pas voulu attendre ce même Décret que
» je viens d'obtenir pour les Étrangers Bourgeois,
» qui termine la difcuffion tout-à-fait en notre
» faveur, à la honte de vos protégés.

» Je ne vous cacherai pas, Monfieur le Baron,
» que la maniere dont vous êtes arrivé dans notre
» Ville me parût un pronoftique funefte pour notre
» liberté. Appellé par le fieur Comte de Buffévent,
» qui voulait vous faire contrarier l'injonction
» qu'il avait reçue du Commandant de la Provin-
» ce, vous paffez devant l'Eglife, où le Peuple
» était en effervefcence, où l'incendie était allu-
» mé; &, au lieu d'y entrer pour l'éteindre, vous
» vous rendez au Comité ariftocratique, où vos
» Compagnons d'armes, réunis aux Prépofés de
» la vieille adminiftration, foufflaient le feu qui
» confumait la Ville.

» J'en ai dit affez, Monfieur le Baron, pour vous
» faire reconnaître vos torts. Tournez à préfent
» vos regards vers cette malheureufe Ville, où vos
» opérations ont jetté le trouble & l'alarme ;
» vers ces Peres, ces Epoux, qui ont été obligés
» de s'expatrier; vers ces Infortunés à qui on ar-
» rache les petits emplois qui fourniffaient à leur
» fubfiftance ; vers tant d'honnêtes Citoyens, vic-
» times de l'inquifition & des vexations de la Mu-
» nicipalité illégale qui eft votre ouvrage ; &

» confidérez combien de défaftres vous avez à
» réparer.

» Je vous parle, Monfieur le Baron, avec cette
» franchife qui m'a toujours été propre, dans les
» tems même du defpotifme. J'ai vu dans vous
» un fond honnête & jufte. Vous paraiffiez tou-
» jours prêt à faire les actes légitimes que je vous
» demandais; mais, fans force & fans énergie,
» vous cédiez, un inftant après, aux impulfions
» de l'intrigue ; & malheureufement vous vous
» laiffiez mener par quelqu'un que vous auriez
» dû mener vous-même. Suivez donc votre incli-
» nation naturelle ; ne prenez confeil que de
» votre cœur; & je fuis perfuadé que vous tra-
» vaillerez à diminuer la fomme des maux que
» votre conduite vacillante a caufé dans Huningue...

Cette réponfe, Nosseigneurs, détruit entierement toutes les inductions fâcheufes que l'on pourrait tirer des réticences & des amphibologies combinées dans la Lettre qui vous a été adreffée par le
Général Klœckler ; & il ne refte plus aucune ob-
jection contre nous dans toutes les pieces que les
Adverfaires ont produites.

Au contraire, il réfulte de leurs productions,
que le fieur Comte de Bufféyent n'avait reçu aucune réquifition, jufqu'au 3 Février, pour em-
ployer la force militaire, & conféquemment que

les menaces qu'il fit intimer le 1 Février à l'Af-
semblée de la Commune & au Meſſager de Ville,
ne provenaient que de ſon deſpotiſme, qui oſait
attenter à notre liberté & arrêter le développe-
ment de la Conſtitution (1); Que le ſieur Ritter,
Syndic, n'avait avec lui que deux Municipaux,
lorſqu'il s'oppoſa à l'aſſemblée d'élection, tandis
que cinq Municipaux avec le Préſident voulaient
la continuer (2); Que le 6 Février, le même Syndic avec les deux mêmes Municipaux dans ſon
cabaret, appellant les Bourgeois, au milieu des
bouteilles, leur faiſoit ſigner des arrêtés pour em-
ployer la force contre l'Ordonnance de la Commiſſion intermédiaire, qui enjoignait *de continuer
l'élection très-urgente* (3); Que le 7 Février, le
Comité Ariſtocratique, préſidé par le ſieur Baudoin, Syndic du Diſtrict, ſe conduiſait avec la
même impudence & la même inſubordination (4);

---

(1) Pieces du ſieur de Buffévent, 3 Février 1790. *Lui qui
prétendait ſe ſauver, par les réquiſitions du Syndic, a bien
gauchement produit cette piece, qui, comparée avec le Nº. 9.
pag. 2. & le Nº. 15. de notre Production, où ſont conſignées
ſes menaces, ne lui laiſſe plus le moyen de rejetter ſa faute
ſur un autre.*

(2) Pieces du ſieur de Buffévent, 3 Février 1790.

(3) Deuxieme Production des Adverſaires, 6 Février 1790.

(4) Pieces des Adverſaires, 7 Février 1790.

Que

Que le 8 Février, le Syndic de la Ville, de concert avec le sieur Comte de Buffévent, faisait environner la maison du Curé - Président, de sentinelles, qui avaient ordre de ne laisser entrer personne chez lui (1) ; Que le 12 Février, la liste des Citoyens actifs, dressée par les Adversaires, excluait presque la moitié de ceux qui en avaient le droit (2) ; Qu'enfin, on n'est parvenu à attirer une portion du Peuple à l'élection des Municipaux actuels, qu'en lui exposant un faux décret de l'Assemblée Nationale, pour exclure le Curé & les Etrangers Bourgeois, tandis qu'elle les reconnaît pour Citoyens actifs (3) ; &c. &c. &c.

C'en est assez sans doute pour décider en notre faveur tous les amis des loix & de la liberté. Cependant, NOSSEIGNEURS, daignez considérer encore que les malheureux habitans d'Huningue sont aujourd'hui accablés des plus cruelles vexations par ces Municipaux intrus ; que le Curé est menacé

----

(1) Deuxieme Production des Adversaires, 9 Février 1790.

(2) Production des Adversaires, 12 Février 1790. Il faut comparer cette Piece avec la Copie des Rôles, qu'ils ont également produite, & le Procès-verbal du 31 Janvier, *Pieces du Curé*, *Député*, N°. 8, où l'on trouve la fixation légale de la journée à douze sols.

(3) Copie du Greffier Aristocrate, jointe aux Pieces du Curé, Député, N°. 22.

B

d'être dépossédé & assassiné ; que de bons Citoyens ont été précipités dans les cachots ; que d'autres sont obligés de fuir dans une terre étrangere ; que la tranquillité, la sûreté de chaque individu est sans cesse en danger (1). Daignez considérer enfin que l'ordre public est interverti. Des Proclamations faites de toutes parts, des Convocations illé-gales d'un très-grand nombre de Communautés, des Pétitions ou Protestations proposées contre vos Décrets, &c. (2) tout cela prouve que la Munici-palité usurpatrice d'Huningue, est le foyer d'un volcan dont il faut se hâter d'arrêter l'explosion.

Vous y parviendrez sans effort, Nosseigneurs, si vous faites droit aux Patriotes opprimés de cette Ville, si vous ordonnez que leur élection légale, qui a été arrêtée par l'astuce & la violence, sera continuée, malgré l'opposition dont nous avons démontré les moyens vicieux, qui serait déclarée nulle, ainsi que les assemblées, élections, convoca-tions, sentences, délibérations, & généralement tout ce qui a suivi ; sauf telles autres Conclusions que votre Comité des Rapports jugera convenables, pour le rétablissement de l'ordre & de la liberté.

---

(1) Pieces du Curé - Député, Nos. 20, 26, 27, &c.
(2) Pieces du Curé - Député, Nos. 28, 29, &c.

DELARUE, *Curé - Député extraordi-naire de la Ville d'Huningue.*

RÉCUSATION

Présentée contre les Sieurs PHLIÉGER &
REWBELL, Députés d'Alsace à l'Assemblée
Nationale.

RIEN n'est si dangereux pour ceux qui sont en
contestation, que d'avoir parmi leurs Juges des
personnes qu'ils ont lieu de suspecter. Non-seule-
ment ils peuvent, par leur suffrage, faire triom-
pher les Adversaires; mais comme l'intérêt particulier les porte à élever la voix le plus haut, ils
ont par-là un ascendant sur leurs Confreres, qui,
ne connaissant pas leurs raisons de partialité, se
laissent trop souvent entraîner par leurs décla-
mations.

Le Curé-Député de la Ville d'Huningue, a connu
tous ces dangers par une funeste expérience (1);

____

(1) L'Abbé Delarue, Curé d'Huningue, a eu le malheur
d'avoir deux Procès en sa vie, l'un contre l'Aristocratie mo-
nacale, l'autre contre l'Aristocratie de quelques Nobles, Par-
lementaires, &c., qui auraient bien voulu l'écraser, & qui
l'ont seulement empêché d'obtenir la justice qui lui était
due ; ce qui ne serait pas arrivé, s'il eût pu récuser les Juges
prévenus & récusables qui s'assirent sur les fleurs de lis. Dans
le premier Procès, à Paris, il reste un Appel comme d'abus,

& l'intérêt de ses Commettans l'oblige de la mettre à profit dans ce moment, & de vous préfenter, Nosseigneurs , fes motifs de récufation contre les fieurs Phliéger & Rewbell, qu'il prie de s'abftenir de juger dans l'affaire d'Huningue. Ces motifs euffent été fuffifans dans le fiecle même de l'ariftocratie Judiciaire; ainfi, il n'eft pas douteux que vous ne les admettiez aujourd'hui, que vous fubftituez la liberté de la raifon à l'efclavage antique des formes, fur lefquelles le defpotifme avait voulu s'étayer.

Le fieur Phliéger, Député d'Alface , s'eft chargé, pour nos Adverfaires , fans en prévenir aucun de fes Collégues , de furprendre, au Comité de

---

fondé fur la Confultation faite de l'avis de *M. Pialles* , & fignée, *Target* , *Courtin* , *de Herain - de - Saint - Aubin* , *Mouricault* , *Maiʒiére*. Ces noms-là ne font pas fuppofer une affaire perdue. Dans le fecond , à Befançon , fa Plainte a été déclarée *nulle* , pour un prétendu défaut de forme que le fens commun n'exigeait pas. Mais fes Adverfaires y *font reftés en chemife fale* , comme on le dit dans la Ville & dans la Province ; où le Peuple fe preffant en foule à fes Plaidoyers , a cherché à le venger , par fes applaudiffemens & par des marques fuivies d'eftime & d'intérêt , des injures & du défaut de juftice. Il s'en rapporte au témoignage de fes Députés. Tels font les deux Procès , dont les infurgens d'Huningue prétendent arguer contre lui , qui , d'ailleurs , ne fignifient rien dans l'affaire préfente , quand il les aurait perdus entierement.

Conftitution, un avis contre nous ; & quoique cet avis, contraire à l'efprit de vos Décrets, ait été enfuite rétracté par ce Comité, qui a reconnu fon erreur, le fieur Phliéger n'a pas rétracté la protection qu'il avait accordée aux infurgens d'Huningue ; & au lieu de les rappeller à la loi, il les incite à conferver leurs ufurpations par des vexations de tout genre, en leur promettant de les appuyer de fon puiffant crédit auprès de l'Affemblée Nationale.

Non content de préfenter au Comité, en leur nom, des Ecrits faux & abfurdes, & particulierement une Requête atroce, pour faire dépofer le Curé, *qui a eu le bonheur de lui rendre quelques petits fervices, en lui prêtant fa plume, lorfqu'il était Syndic du Diftrict* (1), il y joint un brief

____

(1) Le bon cœur du fieur Phliéger lui rappellera fûrement que le Curé d'Huningue a écrit, à fa priere, divers objets, & particulierement des lettres à M. Necker. Les Alfaciens, qui favent que le fieur Phliéger écrit très-mal en français & pas trop bien en allemand, comprendront aifément cette vérité. Il eft vrai que depuis quelque-tems on a vu un petit imprimé contre les Juifs, décoré au frontifpice du nom de M. Phliéger ; ce qui pourrait faire fuppofer qu'il s'eft naturalifé avec la langue depuis fon féjour à Paris. Mais tous ceux qui le connaiffent favent qu'il a dû trouver, au lieu du fecours gratuit du Curé d'Huningue, le fecours un peu plus difpendieux d'un Ecrivain parifien. Il fallait bien faire quel-

Mémoire, de sa façon, contre lui (1). On n'en parlerait pas, s'il ne portait en tête le nom impofant d'un Député de la Nation. Il fe réduit à ces deux mots : 1°. *Que la Municipalité, ufurpatrice, d'Huningue eft parfaitement bien compofée ; 2°. Que le Curé a une vieille haine contre les anciens Magiftrats, & de l'ambition.*

1°. *Que la Municipalité d'Huningue eft parfaitement bien compofée.* Parmi les fix Membres, on compte cinq Cabaretiers & l'ancien Receveur du Magiftrat, qui doit rendre fes comptes de dix années, avec ce même Greffier, dont nous dénonçons deux actes faux. Ce font-là les plus faibles raifons contre cette belle formation. On en trouve de plus fortes contre le Syndic, &c. dans notre premiere dénonciation.

—2°. *Que le Curé a une vieille haine contre les anciens Magiftrats, & de l'ambition.* Des hommes inutilement méchans, dont toutes les entreprifes ont été fans fuccès, n'excitent pas la haine, mais

---

que facrifice pour déployer l'apparence des talens qui doivent le conduire aux grandes dignités du département qu'il ambitionne.

(1) Ce Mémoire, joint aux Pieces des Adverfaires, commence par ces mots : *M. Phliéger obferve ; &c.* Il peut obferver, écrire, plaider, folliciter, cabaler contre nous ; mais après cela qu'il ne s'avife pas de nous juger.

la pitié ; & au contraire le retranchement de sept
à huit mille livres d'abus annuels, sur la motion
du Curé, a dû leur laisser un reffentiment amer
sur le cœur. Et c'eft la caufe & en même tems la
démonftration de la propofition inverfe de celle
du fieur Phliéger, qu'il a vaguement & fauffement
énoncée.

Pour répondre au reproche d'*ambition* qu'il ofe
faire au Curé d'Huningue, il fuffit de rapporter le
fait de fon élection à la Préfidence, qui prouve
bien fon défintéreffement & fon amour pour la
paix. Malgré les intrigues & la faveur combinées,
du Syndic, du Notaire, des Magiftrats & de l'Etat-
Major, le Peuple voulait donner une marque d'attachement & de reconnaiffance à fon Pafteur. Il
eft nommé Préfident, à la grande majorité abfolue.
Les Pattifans de l'ancien régime jettent feu &
flamme. Pour réunir leurs forces ils érigent un
Comité ariftocratique, où ils appellent plufieurs
militaires. M^{rs}. le Lieutenant-Colonel & le premier Capitaine du Régiment de Bretagne, en
garnifon, font de ce nombre. Le Curé va les trouver & leur dit : *Je fais, Meffieurs, que des raifons*
d'intérêt particulier rendent ma Préfidence défa-
gréable à ceux qui vous ont infcrit dans la lifte de
leur Comité. Je veux la paix, fans ceffer de vouloir
le bien public ; & pour concilier les Partis oppofes,

j'offre de me retirer de cette Place, pourvu qu'on y laiſſe monter, ſans une nouvelle élection, celui qui ſeul après moi a eu un certain nombre de voix. C'eſt M. Degorʒe, dont je connais le Patriotiſme. Mais ſi on rejette cette offre conciliatoire, je déclare que je me crois obligé en conſcience de garder une charge où je puis, par ma fermeté, conſerver l'équilibre des loix, qui ſerait probablement rompu par le mauvais choix que prépare l'intrigue des hommes intéreſſés à troubler la nouvelle organiſation.

Cette propoſition, qui prouve également l'attachement du Curé à la Conſtitution & ſon amour pour la paix, fut acceptée, & portée enſuite par les deux Officiers qu'on appelle en témoignage, & que les oppoſans ne pourront ſûrement pas récuſer. En la rejettant, ils ont fait voir clairement qu'ils voulaient à toutes forces faire prévaloir leurs manœuvres. Cependant le Curé n'en eſt pas moins juſtifié, par ſes offres pacifiques & déſintéreſſées de l'accuſation d'ambition indécemment formée contre lui par le ſieur Phliéger. Il ſerait à ſouhaiter que ce Député pût également répondre à un reproche pareil, mais bien mieux fondé, qu'on lui fait dans le Département du Haut-Rhin.

On dit, en effet, ſieur Phliéger, que vous voulez y devenir l'Ariſtocrate univerſel, le Dominateur abſolu, qui feriez régner vos caprices à la

place des loix. On offre de vous prouver, & vous
ne pouvez pas disconvenir, que vous avez envoyé
des listes multipliées dans les trois Districts, où
vous avez inscrit tous vos cousins, amis & com-
pères, qui ont été représentés comme des hommes importans, recommandés par l'Assemblée
Nationale. A la faveur de ce mensonge antipatrio-
tique, on a prôné dans les Campagnes vos protégés, quoiqu'exclus par de sages Décrets, que
vous, Législateur, avez prononcé (1), & que

____

(1) M. Phliéger a recommandé dans sa liste les sieurs
Baudoin, Blanchard, Valence, Scholler & Schultz, tous
membres de l'ancien régime, dont l'abolition leur fait perdre à chacun une dignité, & depuis 250 liv. de revenu, jusqu'à 7000 liv. & davantage. Tous ont des comptes à rendre;
& la Municipalité a même inscrit dans ses registres un arrêté,
par lequel elle fait à tous & à chacun d'eux des répétitions.
Ainsi, suivant les Décrets, ils ne peuvent pas être élus dans
la nouvelle administration. Mais le sieur Phliéger a été bien
traité, bien régalé chez eux; mais ils ont d'ailleurs, dit-on,
de grands rapports d'intérêt ensemble, voilà de fortes raisons
qui doivent être préférées aux Décrets. On apprend, dans le
moment, que la recommandation du sieur Phliéger a été in-
fructueuse, & qu'aucun de ses protégés d'Huningue, nos
Adversaires, n'a été nommé, malgré toutes les intrigues &
les illégalités préparées pour cet effet. Cela suffit pour prouver à l'Assemblée Nationale que le vœu de M. Phliéger n'est
pas le vœu du Peuple d'Huningue, & du Canton qu'on y avait
illégalement réuni.

votre intérêt personnel voudrait déjà enfreindre.
Nous croyons devoir à nos Compatriotes, à nos
bons Alsaciens, de les garantir de l'erreur, où
votre ambition pourrait les faire tomber, en les
prévenant, par cet Ecrit public, que l'Assemblée
Nationale ne vous a aucunement autorisé à cette
démarche irréguliere, qu'elle la désapprouve au
contraire comme une intrigue dangereuse, comme
une manœuvre souterraine, pour surprendre la liberté ; & nous sommes assurés que cet avertisse-
ment, que nous publions contre vous avec courage, est conforme aux principes & aux loix de
notre auguste Sénat.

C'en est assez contre le sieur Philiéger. Nous de-
vons présenter nos moyens contre le sieur Rewbell,
qui, par un sentiment d'amitié pour lui, ou par
tout autre intérêt, dont nous ne chercherons pas
à pénétrer la cause, s'est porté envers nous à un
excès indigne d'un Représentant de la Nation.
Voici le fait sur lequel nous appellons à témoins
tous les honorables Membres de la Députation
d'Alsace, qui en ont paru attristés.

Les pieces probantes, remises par le Curé-
Député d'Huningue, au Secrétariat de Constitu-
tion, avaient disparu. Depuis un mois on les cherchait inutilement ; inutilement on avait retourné
quatre à cinq fois sous ses yeux tous les papiers du

bureau ; ce gros volume , de plus de 400 pages *in - folio*, ne reparaissait pas. Les Secrétaires commis accuserent alors qu'un Député d'Alsace, dont le nom leur était inconnu , avait dit *de ne pas les enregistrer, sous prétexte que l'affaire allait être tout de suite terminée.* La Députation de la Province s'étant réunie à ce sujet , le sieur Phliéger, reconnu par eux , ne disconvint pas d'abord de l'assertion qu'ils lui imputaient. *Eh quoi!* dit le Curé d'Huningue, *vous sollicitez depuis trois mois contre moi, pour que mon affaire ne soit pas terminée, & vous avez pris le prétexte* qu'elle allait être terminée tout de suite, pour empêcher qu'on n'enregistrât nos papiers ? *Quelle contradiction singuliere! Et combien ne vous fait-elle pas paraître coupable de la perte ou de l'égarement des pieces ?*

Le sieur Rewbell seul, prêt à défendre son gros ami, s'écrie avec une rustique audace : *Le Curé d'Huningue serait bien fâché de retrouver ses papiers* (1).

Quelle atroce impudence ! repartit avec feu

(1) Le surlendemain de cette tempête, ces pieces singulierement perdues, ont été singulierement retrouvées dans le bureau où on les avait si long-tems cherchées. Ce qu'il y a de plus étonnant, c'est qu'elles étaient engroslées de plusieurs pieces nouvelles des Adversaires, dont le Curé est fort aise d'avoir eu communication.

le Curé cruellement outragé! *Non , je ne ferais pas fâché de retrouver mes pieces ; je le defire fortement. Au refte , je vous ferai voir que je n'en ai pas befoin pour détruire les manœuvres des protégés de votre ami. Je demande donc , Meffieurs , & je vous fupplie , de vous réunir tous à moi pour demander que je fois jugé fur la feule portion des pieces des Adverfaires , que M. Phliéger vient de rapporter aujourd'hui au Bureau. Elles fuffiront pour faire connaître la juftice de la Caufe que je défends , & par conféquent pour couvrir M. Rewbell de confufion.*

Telle fut la réponfe du Curé, qui n'a pu que lui confirmer l'eftime des Députés d'Alface, affectés de l'apoftrophe indécente de leur collégue. Un Juge qui prouve, d'une maniere fi odieufe, fes préventions contre fon Client, ne doit plus être admis dans le Tribunal à prononcer fur fa Caufe. Si le propos du fieur Rewbell eft la fuite d'un mauvais deffein formé, il eft très-inftant qu'il foit récufé. S'il n'eft, au contraire, qu'une groffiéreté irréfléchie, la préfente Récufation, qu'il a bien méritée, lui fervira de leçon d'éducation, dont nous l'engageons à profiter pour mettre un peu plus d'aménité dans fon caractere.

Il eft un troifième Membre de l'Affemblée Nationale qui femble s'être joint à la coalition des deux précédens. On fait que par leur infpiration il déclame contre les prétendues chicanes du Curé d'Huningue, fans vouloir approfondir les chicanes véritables, ou plutôt les crimes & les noirceurs de nos Adverfaires ; qu'il follicite pour nous faire renvoyer au Département, où le fieur Phliéger entend faire inftaller nos Parties pour nous juger, fans vouloir examiner fi la gravité de l'affaire n'appartient pas à notre augufte Sénat ; qu'il engage, enfin, fes amis, que l'évidence des faits difpofe en notre faveur, à ne pas fe défunir de leur triple alliance, fans vouloir réfléchir que toutes ces alliances, ces coalitions, ces *compérages* de Juges, font des attentats contre la Juftice. Nous le croyons honnête, mais trompé & tenace dans fon erreur, qui ne lui permet pas de voir ni d'entendre ce qui pourrait la détruire. C'eft pourquoi, nous ne lui cacherons pas, que nous ferions fort aife qu'il fe retirât du Tribunal, dans notre Caufe, quoiqu'il foit libre d'y refter, puifque nous ne voulons pas le nommer, pour n'être pas obligés d'entrer dans les longues difcuffions des reproches que nous aurions à lui oppofer.

Malgré tout efprit de partialité, il ne pourra pas difconvenir, avec les fieurs Phliéger & Rewbell, que les lumieres réunies de onze cens quatre-vingt-dix-fept Sénateurs fuffirout bien dans leur abfence, pour pénétrer tous les nuages dont on voudrait couvrir la vérité ; &, d'ailleurs, ils ont toujours le droit d'écrire, de parler, de plaider, de fe préfenter à la Barre, pour y défendre leurs protégés, pourvu qu'on accorde le droit réciproque au Curé de la Ville d'Huningue, chargé des intérêts des plaignans. Ils font bons Patriotes, diront-ils ; mais ils font hommes, & pourquoi feraient-ils infaillibles ? Le Curé d'Huningue n'eft-il pas auffi bon Patriote, lui qui, par fes écrits, fes imprimés & fes fouffrances, a travaillé à accélérer la réformation dont ils jouiffent déjà, avant qu'ils en euffent eu feulement l'idée ?

On doit bien penfer que c'eft à regret qu'un Pafteur-citoyen s'élève contre quelques Membres du Corps augufte, dont il bénit les travaux, dont il adore les Décrets. Il favait que le fieur Phliéger, dans les bureaux & dans les cafés, dans le public & dans le particulier, de vive voix & par écrit, tendait à le noircir, lui & les Patriotes fes conforts, par d'abominables calomnies. Il favait qu'il était fans ceffe occupé d'intrigues & de cabales, qu'il cherchait à former une coalition, pour étouffer, par de fourdes manœuvres, un Procès dont il voyait la perte affurée pour fes favoris. Il le favait depuis quatre mois, & depuis quatre mois il gardoit le filence ; depuis quatre mois il

efpérait que le fieur Phliéger rétracterait fon
erreur , comme ceux qu'il avoit voulu trom-
per ; depuis quatre mois , enfin , il prouve affez
fa patience & fa douceur ; & il doit prouver
à préfent, par fon courage & fa fermeté, qu'il
eft digne d'être le pere & le défenfeur de fes en-
fans, qui attendent de lui leur falut & leur bonheur ; il doit armer fes mains du glaive de la
vérité, pour écarter ceux qui tentent d'écrafer,
par l'aftuce, tant de bons Citoyens depuis fi long-
tems opprimés.

Vous rendrez donc juftice, Nosseigneurs, à
la démarche forcée du Curé - Député d'Huningue.
Et, faifant droit fur fes reproches, vous ordonne-
rez que le fieur Phliéger & Rewbell foient tenus
de defcendre du Tribunal, fi d'ailleurs ils perfif-
taient à vouloir s'y affeoir, pour prononcer dans la
Caufe qui eft mife fous vos yeux ; & ferez Juftice.

Signé, DELARUE, *Curé - Député de la
Ville d'Huningue.*

De l'Imp. de Cl. SIMON, Imp. de Mgr. L'Archevêque
de Paris , rue Saint-Jacques. N°. 27. 1790.